3
1

21
2

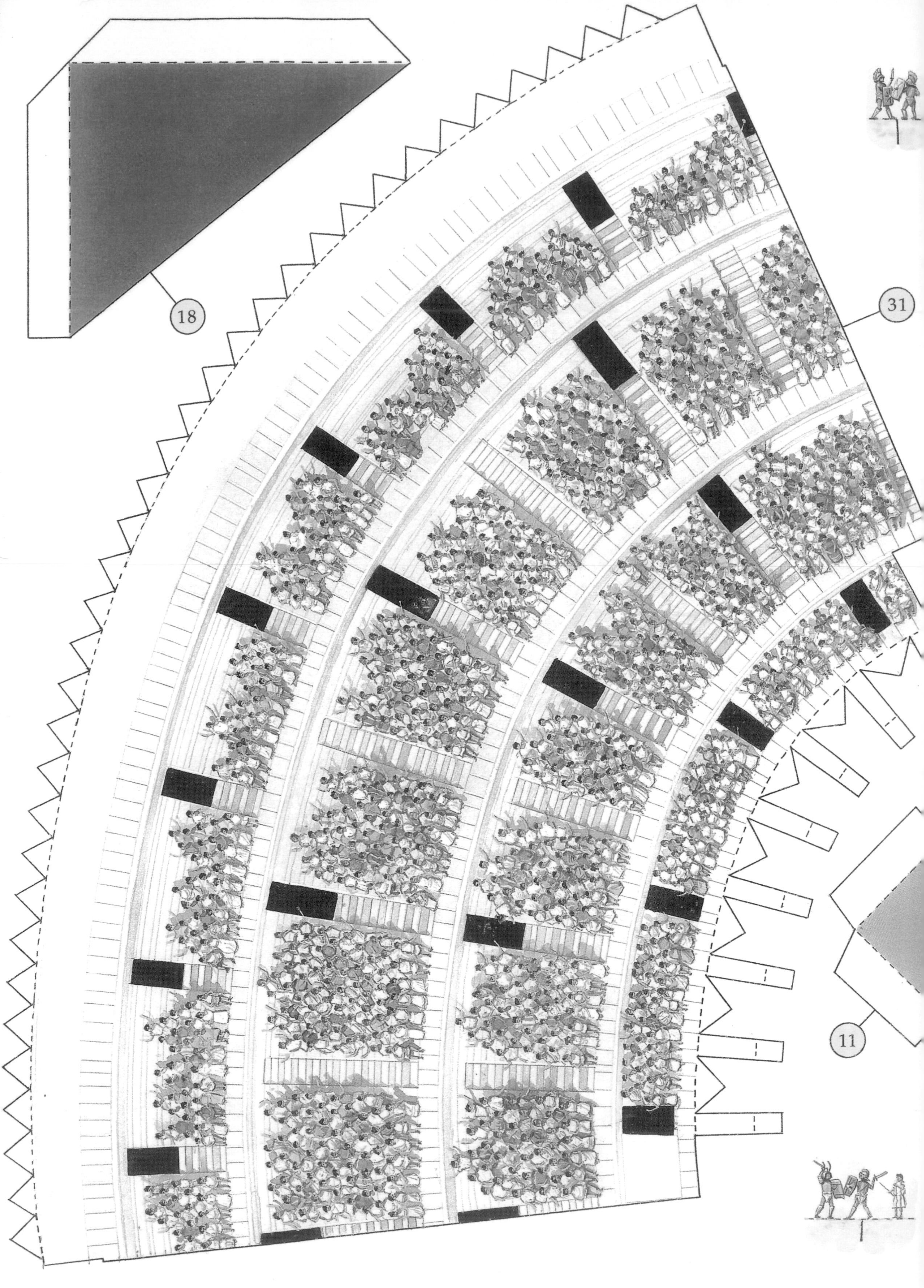
18
31
11

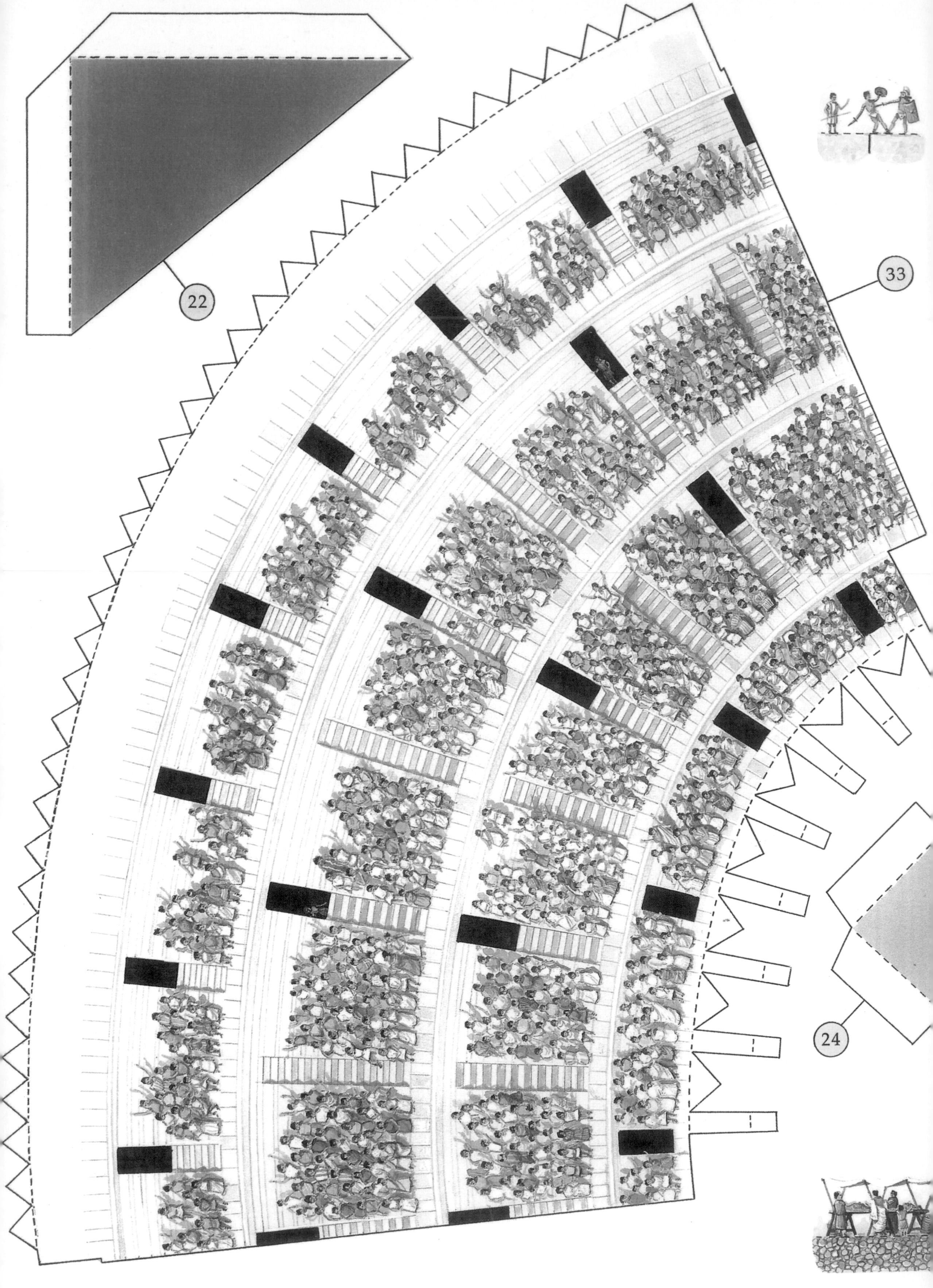
22
33
24

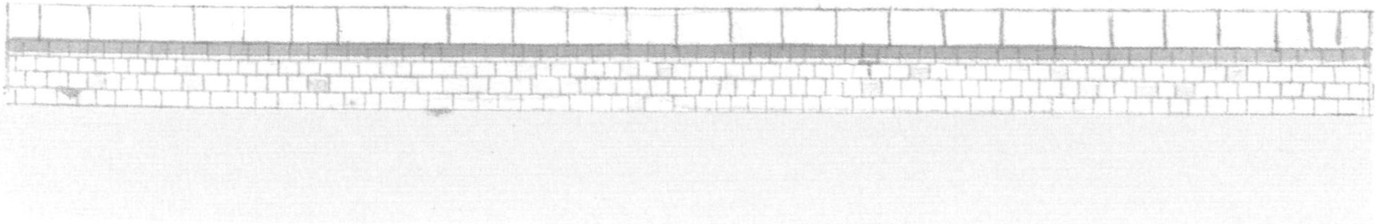
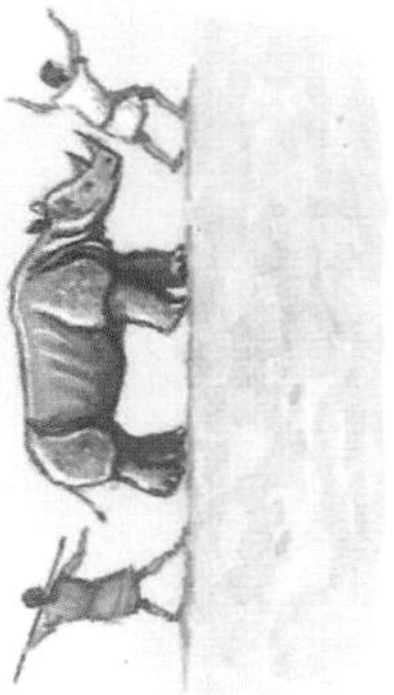

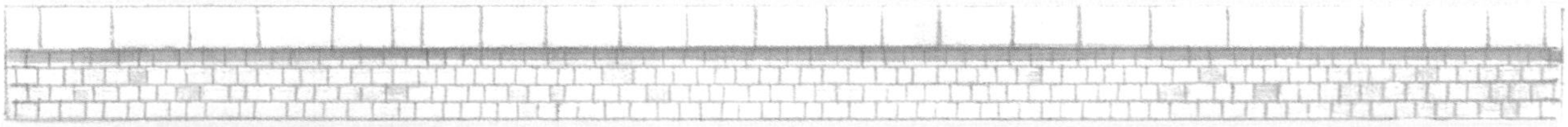

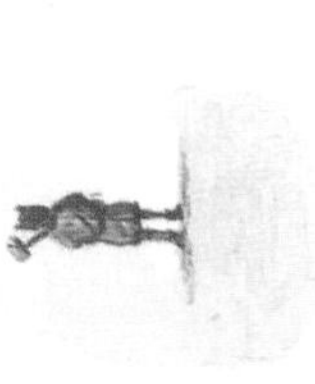

29

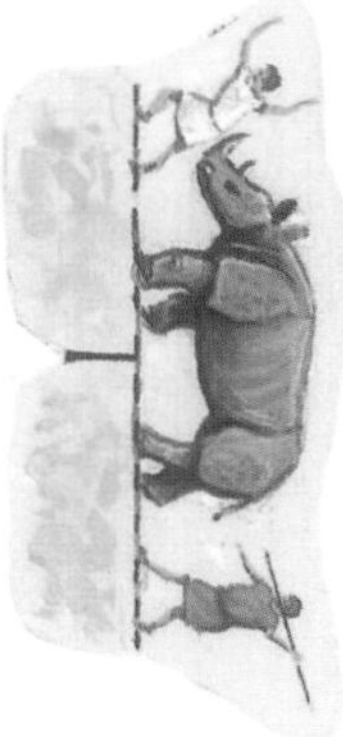

32

3

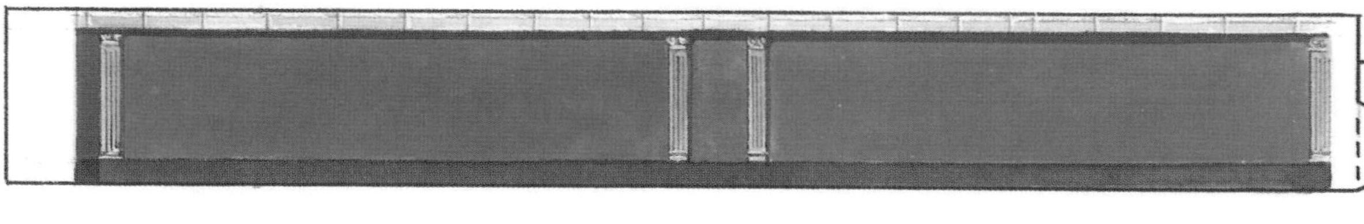

3

35

28

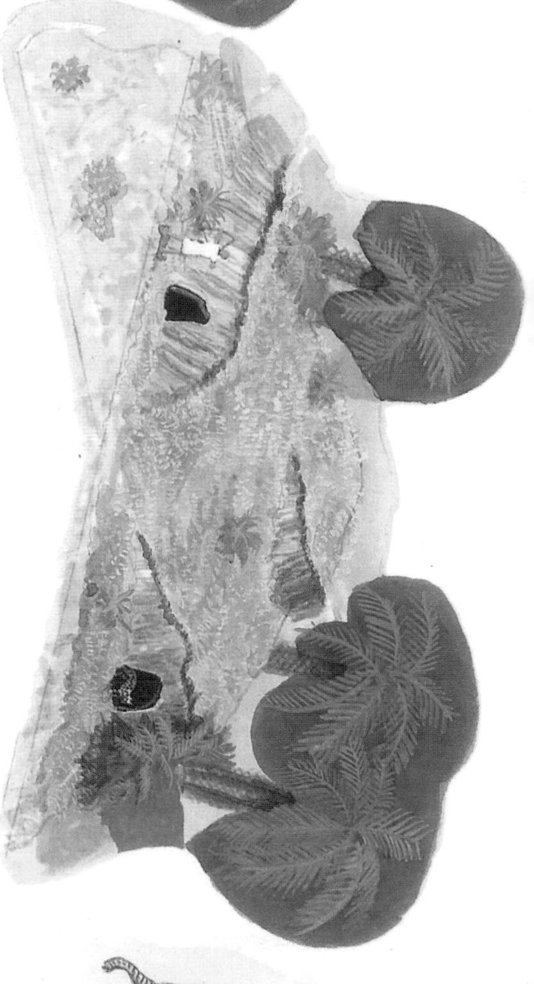

51
26
50
15
42
44
46
48

38
47
40
13
39
10

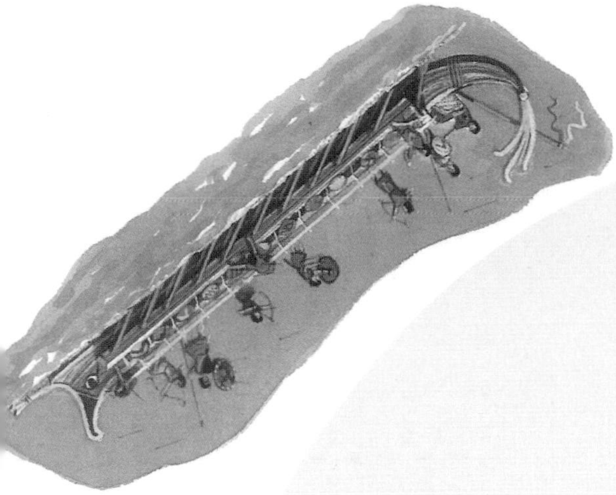

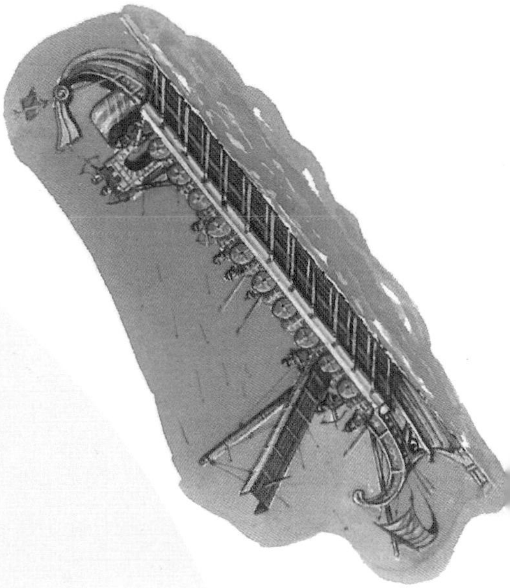

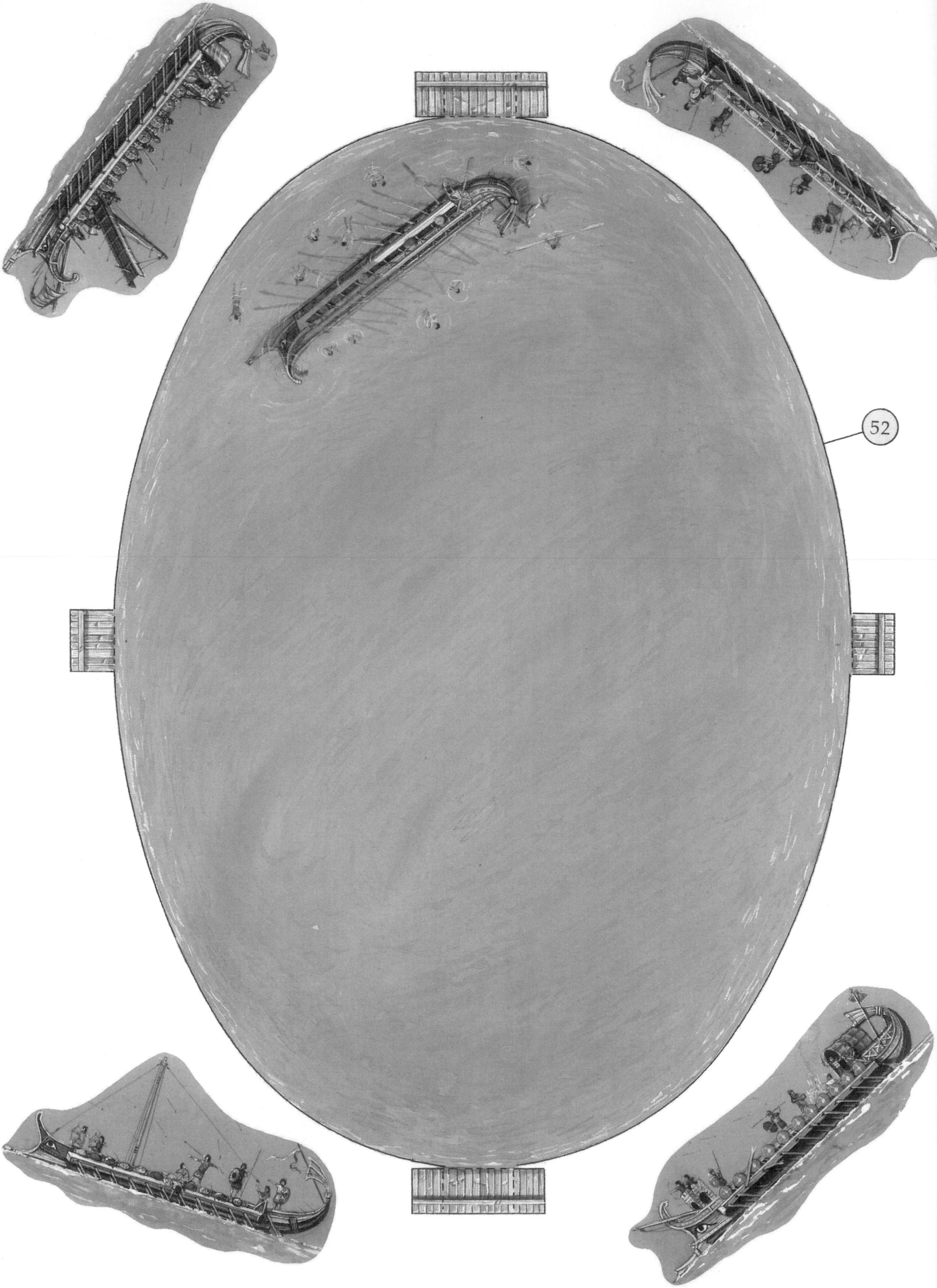

52

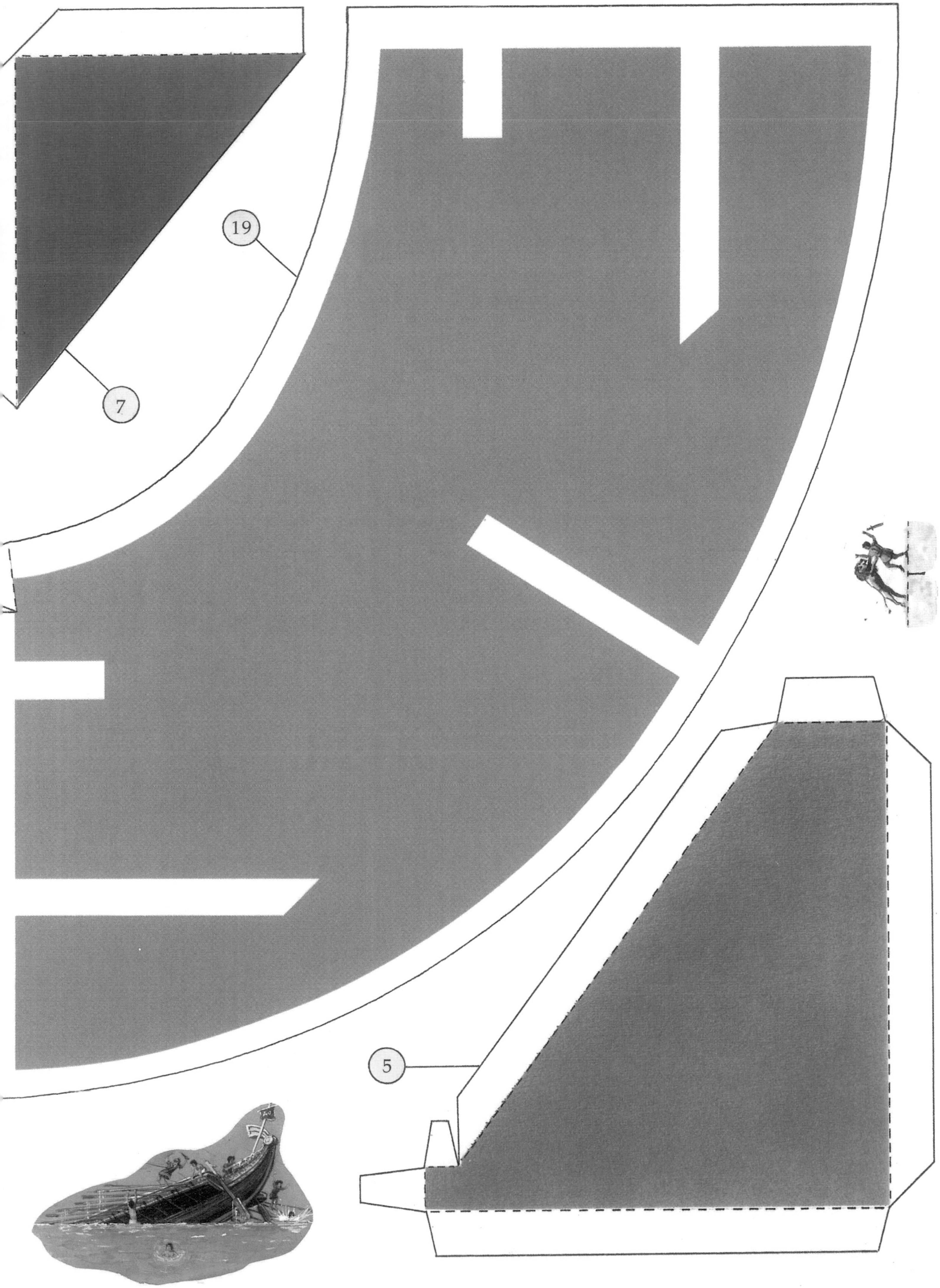
19
7
5

8
45
9
43

41
16
49
14
17
4

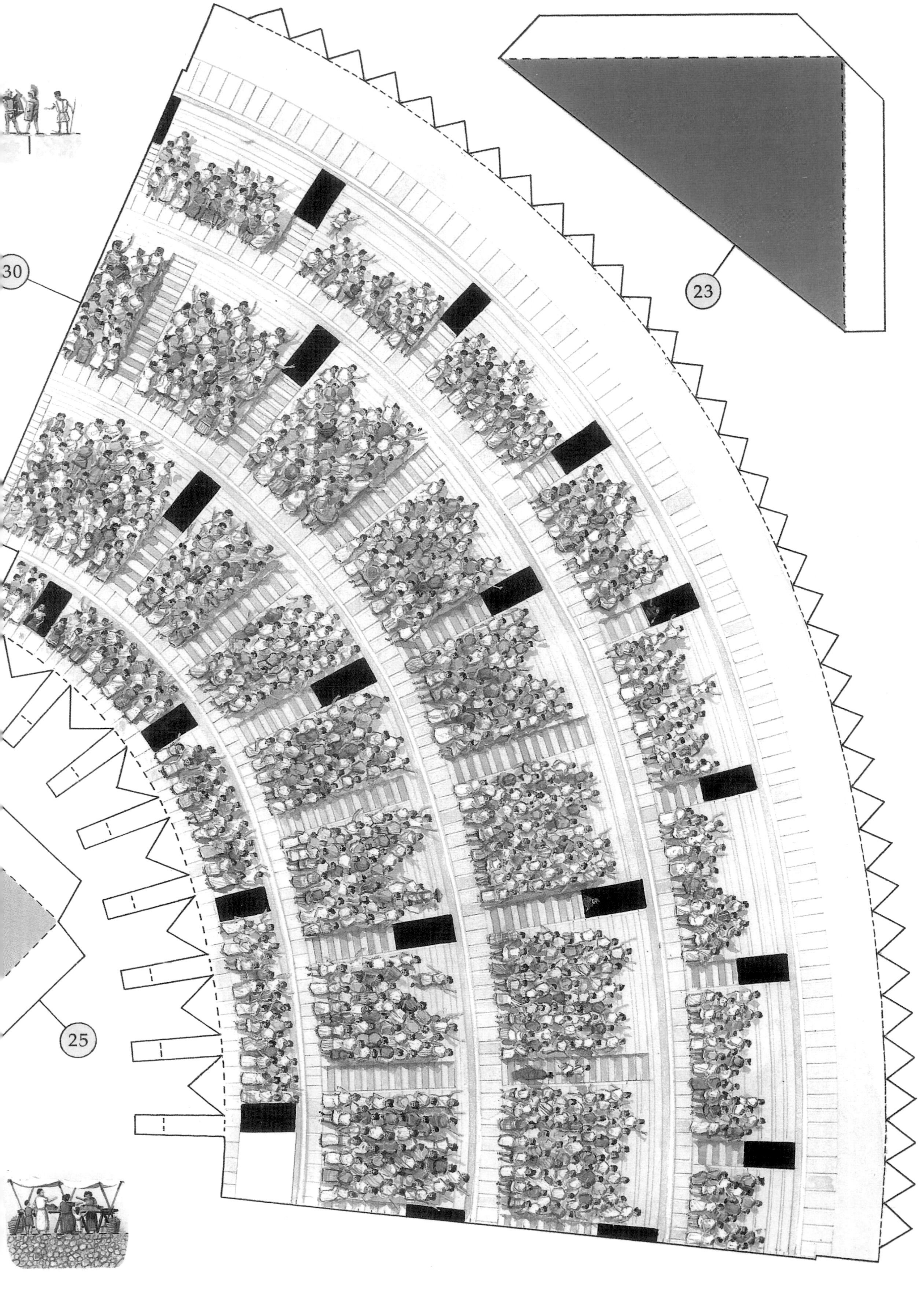
30
23
25

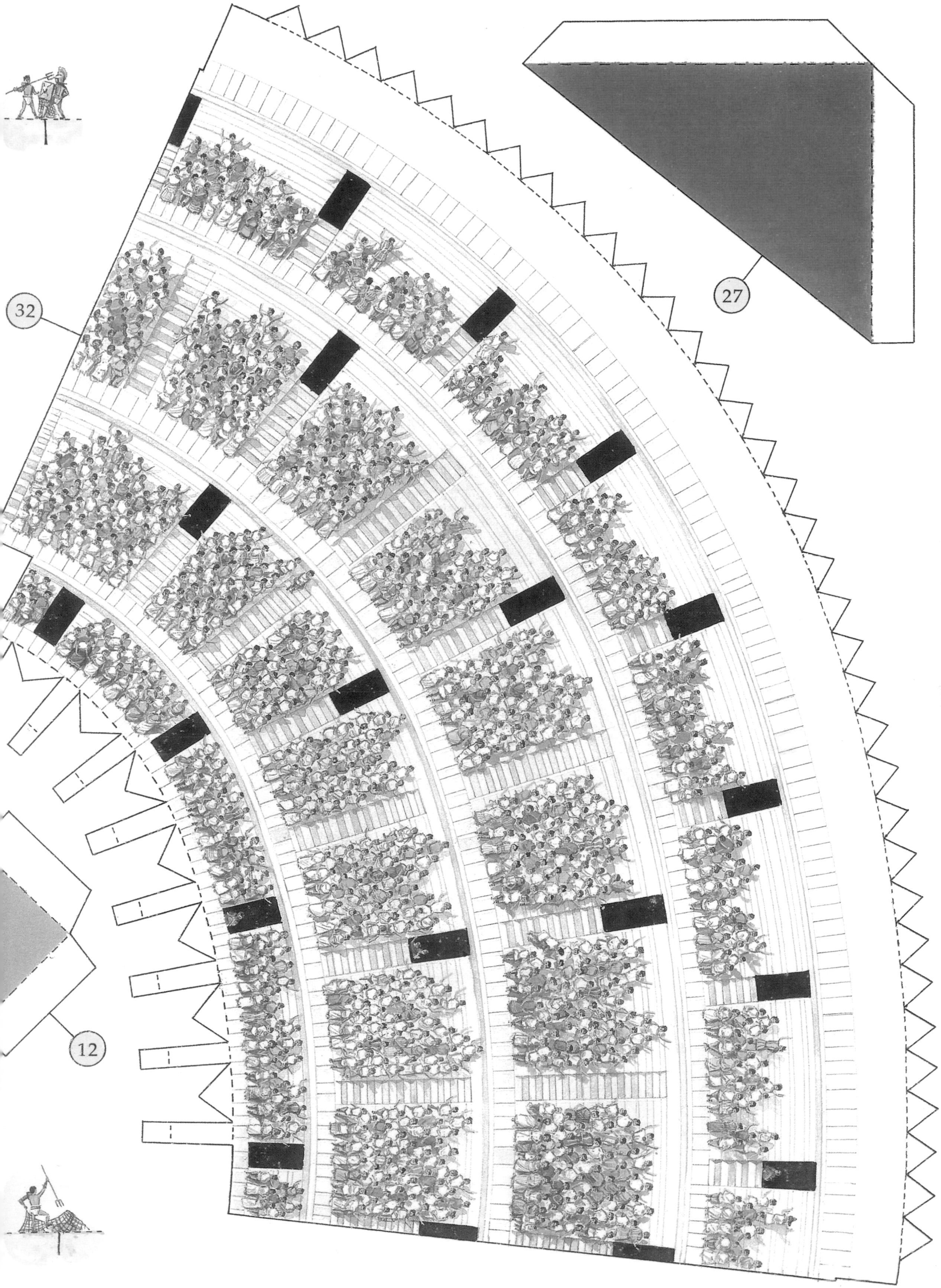
32
27
12

6

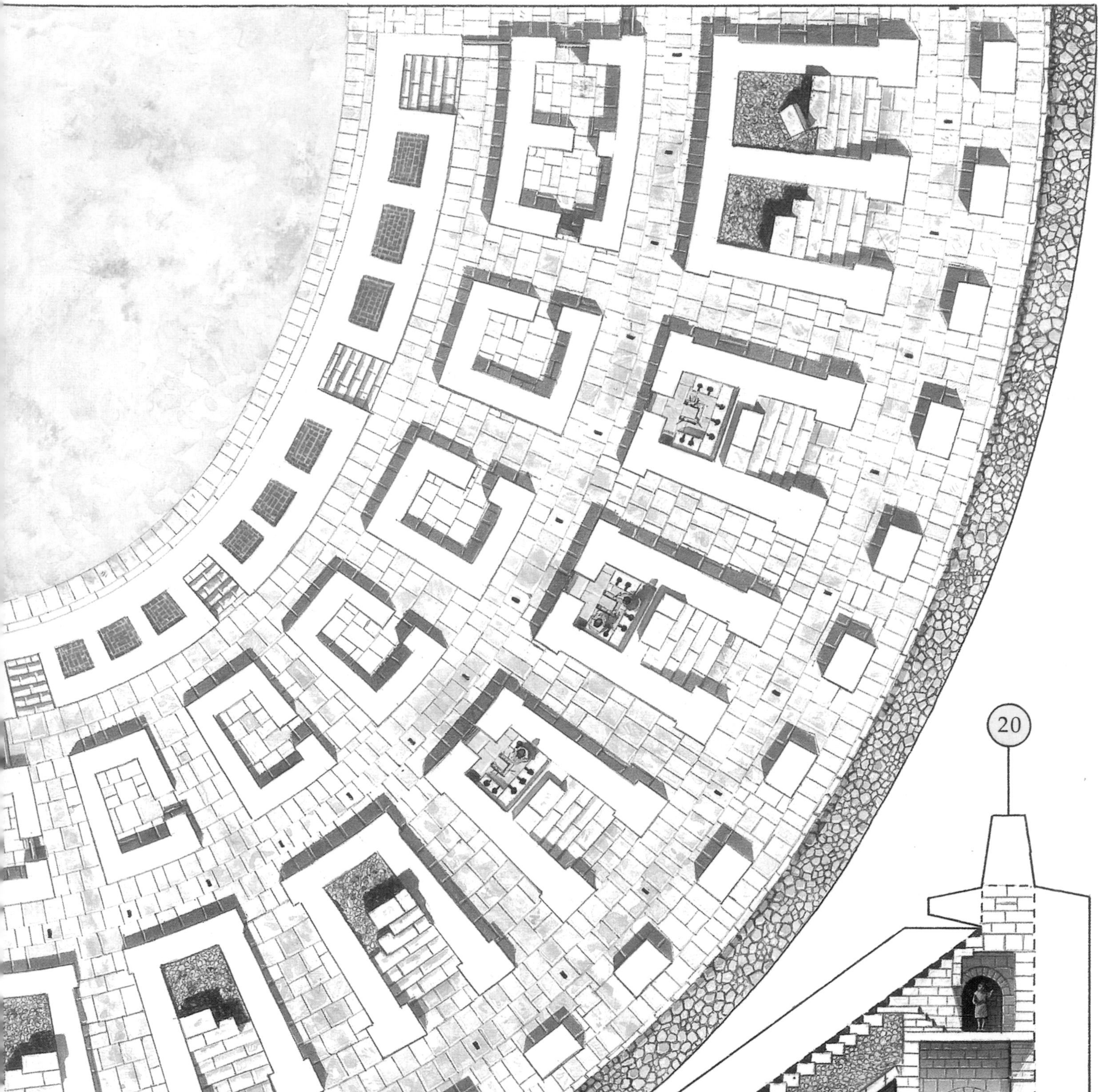

20